Nuevo

¡Bravo, bravo!

PERSONAS - WORKBOOK 2

Nombre y apellido _____

Dirección _____

Teléfono _____

Escuela _____

Maestro o maestra _____

Santillana USA

¡QUÉ SORPRESA!

¿Quién ha entrado?

• *Observa y contesta.*

el gato   el ratón   una carta   galletas

¿Quién ha entrado por la ventana?

¿Qué ha traído el cartero?

Ha entrado el gato.

¿Quién se ha comido el queso?

¿Qué ha comprado mamá?

¿Quién ha sido?

• *Observa y contesta.*

una tarta

en la mesa

un gato

el gato

1. ¿Qué ha preparado el cocinero?

   El cocinero ha preparado una tarta.

2. ¿Dónde ha dejado la tarta?

   _____ .

3. ¿Quién ha entrado en la cocina?

   _____ .

4. ¿Quién se ha comido la tarta?

   _____ .

¿De quién es?

• *Observa y contesta.*

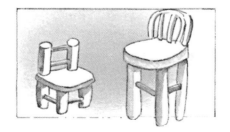

¿Son éstos los pantalones de PUM?

Sí, son sus pantalones.

¿Es ésta la trompeta de los payasos?

_____

¿Es éste el zapato de PIM?

_____

¿Son éstas las sillas de los payasos?

_____

Últimas novedades

• **Lee de nuevo** Últimas novedades. **Luego, numera.**

1. emisor - receptor	2. vehículo de Rueda

○ Sirve para hablar con los amigos.

○ Pesa muy poco.

○ Cabe en una mochila.

○ La gente puede viajar dentro de él.

○ Cabe en el bolsillo.

○ Viaja por tierra, mar y aire.

• **Juega con tu compañero o compañera.**

Debes contestar a dos preguntas:

■ ¿Para qué sirve

■ ¿Cabe en una mochila?

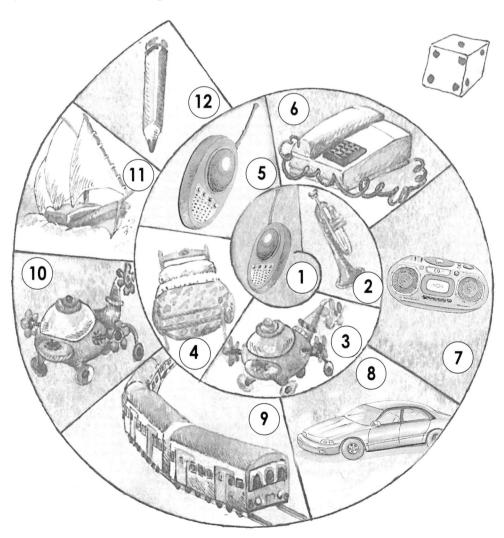

¿Verdad o mentira?

• *Lee y decide.*

El niño toca
bien la quena.

V   M

☑ ☐

Los niños van
al campo en carro.

V   M

☐ ☐

Ha traído esto
y no me gusta.

V   M

☐ ☐

¡Nunca tenemos
que comer galletas!

V   M

☐ ☐

¿Verdadero o falso?

• *Lee, decide y marca con* ✔ .

1. Los Andes están en
   - [ ] Europa.
   - [✔] América.

2. Los Andes son
   - [ ] ríos.
   - [ ] montañas.

3. Los Andes son
   - [ ] muy altos.
   - [ ] muy bajos.

4. Los antiguos indios de los Andes son
   - [ ] los incas.
   - [ ] los apaches.

5. El instrumento que tocan los indios de los Andes es
   - [ ] la guitarra.
   - [ ] la quena.

6. América es
   - [ ] un gran continente.
   - [ ] un continente pequeño.

7. La llama es un animal con
   - [ ] cuatro patas.
   - [ ] dos patas.

8. Una mochila sirve para
   - [ ] llevar cosas.
   - [ ] estudiar.

9. Las galletas de Rueda son
   - [ ] muy ricas.
   - [ ] horribles.

10. Los barcos viajan por
    - [ ] tierra.
    - [ ] mar.

De acuerdo

1 Escucha y marca con ✔ .

2 Escucha y clasifica.

1. vacaciones	2. partido	3. venido	4. vamos
5. pie	6. campo	7. planeta	8. viajar
9. avisar	10. persona	11. vehículo	12. espacio

Palabras con **v**	Palabras sin **v**
1. vacaciones	

3 Escucha y completa.

1. Hemos _____ de _____ .

2. _____ a _____ en un _____ extraño.

3. Tenemos que _____ a todos.

¿Qué han hecho?

• *Lee y completa.*

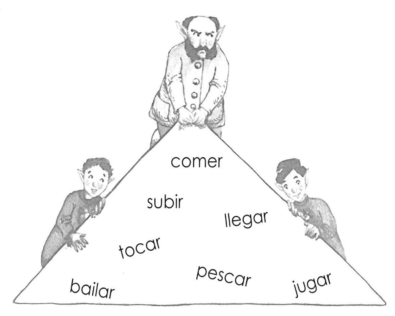

Martino <u>ha tocado</u> la quena y _____

con la llama, pero no _____ a la montaña.

Martina _____ en el río y _____ en la fiesta.

¡Y no _____ galletas de Rueda! ¿Y el Galletero

Mayor? El Galletero _____ a su vehículo, _____

_____ al pueblo, pero no _____ la quena.

• *Pregunta a un amigo o una amiga y escribe sus respuestas.*

1. ¿Has ido a la escuela esta mañana?
   <u>Sí, he ido</u> a la escuela. / <u>No, no he ido</u> a la escuela.

2. ¿Has nadado en la playa?
   _____ en la playa.

3. ¿Has bebido jugo?
   _____ jugo.

4. ¿Has jugado con tus amigos?
   _____ con mis amigos.

PAISAJES de AMÉRICA

Ellos y ellas

• *Observa y escribe.*

subir a la montaña

Ellos <u>han subido</u>

<u>a la montaña.</u>

jugar en el bosque

correr por el campo

_____

_____

Ellas _____

_____

caminar mucho

comer cerca del río

_____

_____

_____

_____

Nosotros y nosotras

• *Observa y escribe.*

pasear por un parque

Nosotros <u>hemos paseado</u>

<u>por un parque.</u>

visitar el museo de ciencias

_____

comer en un restaurante

_____

comprar postales

Nosotras _____

_____

subir a un rascacielos

_____

_____

Para tener buena salud...

• *Observa y escribe.*

hacer deporte

fumar

respirar aire puro

tomar drogas

comer demasiado

dormir mucho

comer comida sana

tomar alcohol

Hay que...	No hay que...
1. hacer deporte.	1. fumar.
2.	2.
3.	3.
4.	4.

Un planeta distinto

• **Lee de nuevo** Un planeta distinto. **Luego, contesta sí o no para cada planeta.**

	RUEDA	TIERRA	TU PLANETA IDEAL
1. Llueve.	No	Sí	Sí / No
2. Hay árboles de galletas.			
3. Hay playas.			
4. Siempre hace sol.			
5. Hay flores.			
6. Es aburrido.			

• **Lee esta poesía. Luego, dibújala.**

La pobre viejecita

Érase una viejecita
sin nadita que comer
sino carnes, frutas, dulces,
tortas, huevos, pan y pez.

Bebía caldo, chocolate,
leche, vino, té y café,
y la pobre no encontraba
qué comer ni qué beber.

RAFAEL POMBO

Vamos a contar mentiras

• *Lee las mentiras y escribe la verdad.*

 La sal está dulce.

¡Mentira! La sal está salada.

 El tren va por el mar.

 El barco va por la montaña.

 El Galletero Mayor ha encontrado a los niños.

 Nuestros amigos están en Texas.

Un mensaje de Rueda

• *Descifra el mensaje secreto de Rueda.*

CLAVE SECRETA					
a = 1	f = 6	k = 11	o = 16	t = 21	y = 26
b = 2	g = 7	l = 12	p = 17	u = 22	z = 27
c = 3	h = 8	m = 13	q = 18	v = 23	
d = 4	i = 9	n = 14	r = 19	w = 24	
e = 5	j = 10	ñ = 15	s = 20	x = 25	

MENSAJE

12-16-20/ /14-9-15-16-20/ /

5-20-21-1-14/ /5-14/ /

13-5-25-9-3-16/ /3-16-14/ /

20-22/ /1-13-9-7-16/ /

6-5-12-9-17-5/ /

¿Verdad?

1 Escucha y marca con ✔ .

 ...¿verdad? ✔
1   ...Laura ☐

 ...¿verdad? ☐
2   ...Marta ☐

...¿verdad? ☐
3   ...Tomás ☐

2 Escucha y clasifica.

| 1. ciudad | 2. estúpida | 3. libertad | 4. tranquilidad |
| 5. moneda | 6. gorda | 7. verdad | 8. linda |

Palabras que terminan en **-ad**	Palabras que terminan en **-da**
1. ciudad	

3 Escucha y completa.

1. La _____ da _____ .

2. Vivo en una _____ muy _____ .

3. En París, también hay una estatua de la _____ .

Los viajes

• **¿Qué contestan los niños?**

Martino y Martina, ¿han viajado ustedes a Texas?

No, no hemos viajado a Texas.

¿Han estado ustedes en las cataratas del Iguazú?

_____

_____

¿Han ido ustedes a México?

_____

_____

¿Han caminado muchos kilómetros?

_____

_____

¿Dónde están?

¿Qué hiciste el sábado, Olga?

• *Observa y completa.*

1. <u>Hablé</u> con mis amigos.

2. _____ rock.

3. _____ paella.

4. _____ limonada.

5. _____ una película.

6. ¡Me divertí mucho!

¿Qué hizo Olga en la fiesta?

• *Observa y contesta.*

con Roberto

Bailó con Roberto.

con sus amigos

mucho

naranjada

un partido de rugby

¿Hay algo?

• *Observa y contesta.*

¿Hay algo en la mesa?

Sí, hay platos, _____

No, _____

_____

_____

_____

_____

¿Hay algo en el armario?

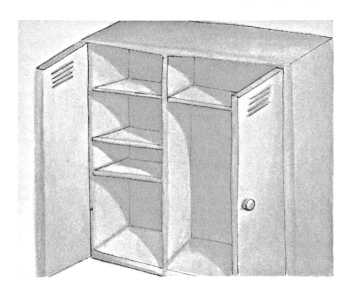

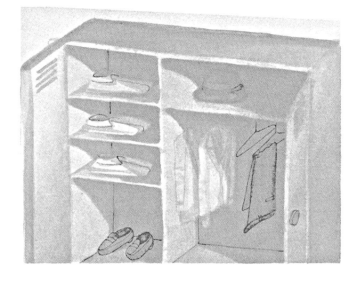

_____

_____

_____

_____

_____

_____

EL C.I.R.C.O.

• **Lee de nuevo** El C.I.R.C.O.
Luego, marca verdadero o falso con ✔.

En el planeta Rueda hay...

	V	F
...teléfonos.	☐	✔
...televisión.	☐	☐
...un Centro de Información.	☐	☐
...periódicos.	☐	☐
...emisores-receptores.	☐	☐

• **Contesta.**

¿Qué es el C.I.R.C.O.?

_____

¿Qué hay que hacer en Rueda para saber algo?

_____

¿Quién puede contestar a todas las preguntas en Rueda?

_____

¿Tienen emisor-receptor los niños de Rueda?

_____

• **Ordena.**

| no | Rueda | teléfonos | periódicos. | ni | En | planeta | el | hay | ni |

_____

_____

¿Quién lo dice?

• *Observa, lee y numera.*

1. ¿Peligrosos?
   ¡Tú no conoces a los extraterrestres!

2. ¿Todavía no han encontrado a esos niños?

3. Ellos también buscan a Martino y a Martina.

4. ¡Estoy viendo a uno!

Flor de letras

• *Busca las nueve palabras de los dibujos.*

```
E  L  X  F  X  X  C
G  A  L  L  E  T  A
X  B  S  O  L  X  R
X  U  A  R  X  X  R
P  E  L  O  T  A  O
X  L  L  A  M  A  X
C  A  N  S  A  D  O
```

• *Observa, lee y marca con ✔ .*

☐ Felipe está aprendiendo a nadar con Martina. La llama y Martino juegan a la pelota y la abuela descansa.

☐ Felipe está en el agua con Martina. La abuela está jugando a la pelota con Martino y la llama descansa.

☐ Felipe está enseñando a nadar a Martino. La abuela juega a la pelota con la llama y Martina descansa.

¿Viajar o bailar?

1 Escucha y ordena las letras.

1. V - A - I - R - J - A

2. I - R - A - E

3. L - I - B - R - A - A

4. A - I - C - U - S

5. I - C - A - L - A - I

6. T - A - I - M - E

7. R - A - I - D - U - T - S - E

8. L - V - U - I - A - L

2 Ahora, clasifica las palabras anteriores.

Palabras con **ia**	Palabras con **ai**
1. viajar	

3 Escucha y completa.

1. La falda está _____ .

2. Hay una hoja en el _____ .

3. _____ _____ mañana.

4. A _____ le gusta _____ .

5. No quiero comer _____ .

Ayer

• **¿Qué hiciste ayer? Marca SÍ o NO con ✔ .**

		SÍ	NO
1.	Estudié mucho.	☐	☐
2.	Bailé con mis amigos.	☐	☐
3.	Corrí en la escuela.	☐	☐
4.	Gané una carrera.	☐	☐
5.	Bebí jugo.	☐	☐
6.	Hablé con mis compañeras.	☐	☐
7.	Miré la televisión.	☐	☐
8.	Jugué al béisbol.	☐	☐
9.	Desayuné en casa.	☐	☐
10.	No cené.	☐	☐

• **Contesta.**

¿Hay algo en la clase?

Sí, hay _____

_____

¿Qué hay en el recuadro?

☐ _____

_____

¿Hay algo en tu habitación?

_____

_____

_____

Visita al museo de carros

• *Observa y contesta.*

1. ¿Los niños viajaron en tren o en bus?

   Viajaron en bus.

2. ¿Visitaron un museo de pintura?

   _____

3. ¿A qué hora llegaron al museo?

   _____

4. ¿Vieron también carros modernos?

   _____

5. ¿Compraron postales?

   _____

• *Observa y completa.*

(1) viajar

(2) llegar

(3) ver

(4) ver

(5) comprar

(6) regresar

Ayer visitamos el museo de carros. (1) <u>Viajamos</u> en bus

y (2) _____ al museo a las _____ ,

(3) _____ carros antiguos y (4) _____

también carros modernos. (5) _____ postales

y (6) _____ a la escuela a las _____ .

27

¿Qué hicieron cuando llegaron a casa?

• *Observa y escribe.*

hablar por teléfono

Cuando Antonio llegó a su casa, habló por teléfono.

jugar con sus primos

Cuando Eduardo llegó a su casa,

bañar al perro

Cuando Paula

comer un sandwich

Cuando Rosita

El doctor Rueda

• **Lee de nuevo** El doctor Rueda. **Luego, busca los errores y márcalos.**

1. Es un hombre del planeta Tierra.

2. Se llama Galletero Mayor.

3. Los habitantes de su planeta (no van a verle nunca.)

4. Tiene un emisor-receptor para curar el dolor de cabeza.

5. Para un dolor pequeño hay que dar 1,000 vueltas.

6. Para un dolor grande hay que dar 100 vueltas.

7. Con las vueltas los enfermos de Rueda no se olvidan del dolor.

• **Ahora, escribe las frases sin errores.**

1. _____

_____

2. _____

_____

3. Los habitantes de su planeta van a verle cuando les duele la cabeza.

4. _____

_____

5. _____

_____

6. _____

_____

7. _____

Lo dijeron en el libro

• **¿Recuerdas? Completa las frases.**

cárcel	puedo	galletas
usar	inocente	vivir	ustedes

¿Por qué estoy en la _____

_____ ?

¡Soy _____ !

Sin estas _____

no pueden _____ .

Tenemos que _____ mi

vehículo.

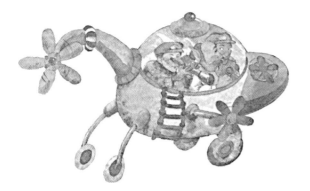

_____ pedir los

planos para _____ .

30

Letras

- *Completa las palabras.*

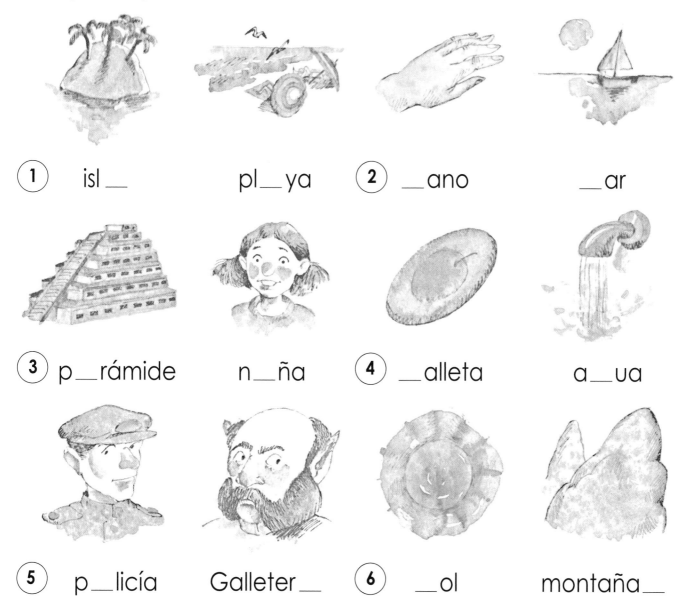

(1) isl __   pl__ya   (2) __ano   __ar

(3) p__rámide   n__ña   (4) __alleta   a__ua

(5) p__licía   Galleter__   (6) __ol   montaña__

- *Ahora, con las letras que has escrito, completa el mensaje del Galletero.*

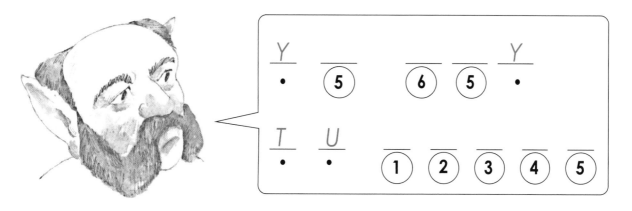

Hoy, vacaciones

1 Escucha y numera.

◯ canciones	◯ voy	◯ radio	◯ soy
◯ hoy	◯ vacaciones	① estoy	◯ patio

2 Ahora, clasifica las palabras anteriores.

Palabras con **io**	Palabras con **oy**
_____	1. estoy _____
_____	_____
_____	_____

3 Busca las palabras anteriores en la sopa de letras.

A	N	Q	U	O	T	E	N	I	S	X
V	P	A	T	R	O	T	R	E	N	P
C	A	R	R	A	V	A	N	C	U	A
O	T	C	E	N	B	O	C	O	N	N
K	I	M	A	Q	I	T	Y	B	S	Z
H	O	R	P	C	A	N	T	U	O	O
Y	A	N	N	P	I	J	H	O	Y	C
V	K	A	M	B	R	O	L	S	T	A
A	C	L	S	U	I	T	N	O	L	R
R	A	D	I	O	M	O	L	E	T	M
E	S	T	O	Y	H	A	K	I	S	E

4 Escucha y completa.

1. _____ de _____ .

2. Me gustan las _____ de la _____ .

3. _____ ver una película.

4. _____ , _____ sola.

Viaje a otra ciudad

• *Cuenta el viaje de estos niños.*

1. viajar

2. llegar

3. visitar

4. ver

5. comprar

6. no regresar

1. Los niños viajaron en avión.
   _____

2. _____

3. _____

4. _____

5. _____

6. _____

Jugando al escondite

¡A comer, Carlos!

• *¿Qué dice la mamá? Escribe.*

tomar sopa

beber agua

Toma la sopa, Carlos.

usar la servilleta

lavar las uvas

• *Escribe en su lugar.*

Ya voy, mamá.
Toma, mamá.
El periódico para mi mamá, por favor.
Luisa, ven aquí, por favor.
Compra el periódico, por favor.

Luisa, ven aquí, por favor.

• *Elige y escribe.*

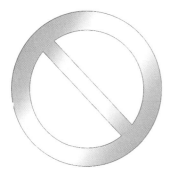

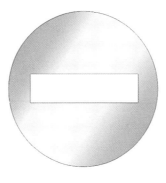

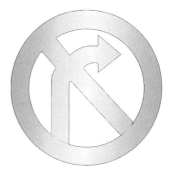

| dejar el carro aquí | entrar en esta calle | ir deprisa | ir a la derecha |

Está prohibido entrar en
esta calle, mamá.

_____

_____

_____

_____

Jugar en redondo

- **Lee de nuevo** Jugar en redondo. **Luego, marca con R los juegos del planeta Rueda y con T los juegos del planeta Tierra.**

la espiral R

la fuente de los balones ☐

el baloncesto ☐

el carro ☐

la rueda humana ☐

las adivinanzas ☐

- **¿Qué juego del planeta Rueda no está aquí? Dibuja y escribe.**

_____

_____

_____

¡Qué aventura!

• **Recuerda la historia y contesta las preguntas.**

¿A qué juegan los niños en esta historia?

Juegan al escondite.

¿Qué hay en la Isla de Pascua?

_____

¿Qué hay dentro de los volcanes?

_____

¿Quién busca a la abuela, a Felipe, a Martino y a Martina?

_____

¿Quién tira de la cuerda?

_____

• **¿Quién habla? Une con flechas y colorea.**

Voy a pedir ayuda.

Voy a tirar de ella.

¿Hay fuego dentro del volcán?

¡No se acerquen tanto!

¡Qué extraño es este sitio!

¡Ayuda!

• **¿Verdadero o falso? Marca con ✔ .**

	V	F
1. El Galletero Mayor y los policías han ido a la Isla de Pascua en barco.	☐	✔
2. La abuela y los niños juegan a la pelota.	☐	☐
3. Los volcanes son muy peligrosos.	☐	☐
4. Felipe y la llama se cayeron al volcán.	☐	☐
5. La cuerda es demasiado corta.	☐	☐
6. Felipe va a pedir ayuda a la gente.	☐	☐

• **¿Qué piden nuestros amigos? Para saberlo, escribe las palabras. Luego, escribe en el recuadro la primera letra de cada una.**

1. $\boxed{S}$ o l   2. ☐ _____   3. ☐ _____   4. ☐ _____

5. ☐ _____   6. ☐ _____   7. ☐ _____

S						
1	2	3	4	5	6	7

El peine del rey

1 *Escucha y colorea el número de las palabras con ie en rojo y las palabras con ei o ey en verde.*

①   ②   ③   ④   ⑤   ⑥

2 *Escucha y clasifica.*

1. quiere	2. tiene	3. rey	4. reina
5. peine	6. viene	7. pie	8. siete

Palabras con **ie**	Palabras con **ei** o con **ey**
1. quiere	

3 *Escucha y completa el crucigrama.*

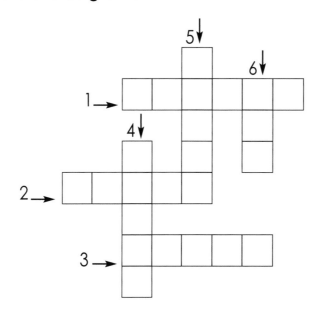

¡Carlos, por favor!

• *Da consejos a Carlos.*

Carlos no bebe nunca leche.

Carlos, bebe la leche,

¡por favor!

Carlos no come nunca pan.

_____

_____

Carlos no lava nunca la fruta.

_____

_____

Carlos no usa nunca la servilleta.

_____

_____

Pero Carlos dibuja siempre
en las paredes.

¡Está prohibido dibujar

en las paredes, Carlos!

EL RESCATE

Todas las mañanas

• *Lee, elige y escribe.*

Todas las mañanas...

① me lavo los dientes.
② me quito el pijama.
③ me pongo los anteojos.

Luego...

① me ducho.
② me pongo la corbata.
③ leo en la bañera.

Y después...

① me pongo la camisa.
② me peino.
③ me visto.

Juan

Tomás

Nicolás

1. **Juan:** Todas las mañanas me lavo los dientes. Luego me ducho y después me pongo la camisa.

2. **Tomás:** _____

   _____

3. **Nicolás:** _____

Me quito las botas.

quitarse las botas

ponerse el pijama

quitarse los anteojos

lavarse los dientes

dormirse

Lola no sabe vestirse

• *Ayuda a Lola a vestirse bien. Completa.*

el sombrero	el suéter	la camisa
los pantalones	los calcetines	los zapatos

Primero te pones _____

Luego te pones _____

Después _____

Finalmente, _____

¡Ya está!

Un extraño animal

• **Lee de nuevo** Un extraño animal. **Luego, elige.**

1. Es pequeño como...

2. Es de colores como...

3. Tiene ojos de...

4. Tiene alas de...

5. Y tiene pico de...

6. También tiene...

• **Ahora, escribe las frases completas.**

1. Es pequeño como una mano.

2. _____

3. _____

4. _____

5. _____

6. _____

¿Cómo sigue?

• **Busca la continuación de las frases de A en B y numera.**

A

1. La policía encontró

2. La operación rescate

3. El planeta Rueda y el planeta Tierra

4. Rueda nos enviará técnicos

5. La contaminación, los ruidos, y los malos olores

B

( ) fue un éxito.

( ) para fabricar aquí sus vehículos.

(1) a los dos niños de Rueda en la Isla de Pascua.

( ) han firmado un acuerdo de colaboración.

( ) van a desaparecer del planeta Tierra.

• **En la frase hay una letra cambiada.**
  Búscala y escribe de nuevo la frase correctamente.

¡ERROR!
Sa posicía y es Gassetero han encontrado a sos niños con sa abuesa en es cráter des voscán.

_____

_____

El periódico

• **Escribe los comentarios de las fotos.**

1. El Galletero Mayor, feliz después de rescatar a sus amigos con la ayuda de la policía.

2. Representantes de los planetas Tierra y Rueda han firmado un pacto de colaboración.

_____   _____

_____   _____

_____   _____

_____   _____

• **¿Verdadero o falso? Marca con ✔ .**

	V	F
La policía ha encontrado a los niños.	✔	
Los terrestres no van a llevar nada a Rueda.		
Con el pacto interplanetario, la contaminación va a desaparecer de la Tierra.		
En el planeta Rueda hace frío.		
Martina y Martino están contentos de volver a su planeta.		

Ritmos y sonidos

1 Escucha el poema y subraya las palabras que riman.

—Oye, pichoncito amigo,
yo quiero jugar contigo.

—Niño, si quieres jugar,
ven, sube a mi palomar.

—Me faltan alas, no puedo...
baja tú, no tengas miedo.

—Sin miedo voy a bajar,
y jugaré satisfecho,
pero trigo me has de dar.

—Pichoncito, trato hecho.

2 Completa con las palabras que riman.

amigo	(contigo)
	palomar
puedo	
	bajar
satisfecho	

3 Escribe algo que dicen.

El niño: _____

_____

El pichoncito: _____

_____

¿Qué hace todas las mañanas?

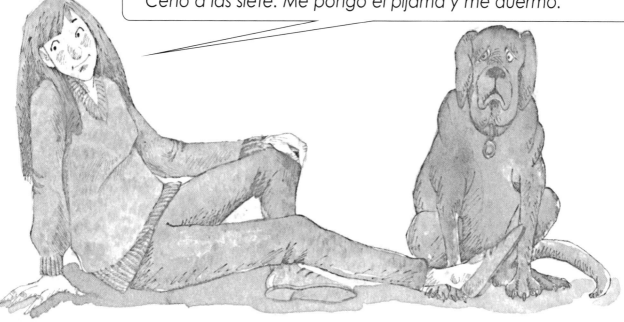

> Todas las mañanas me levanto a las siete. Hago gimnasia.
> Luego me ducho, me peino y me visto.
> Después desayuno y me lavo los dientes.
> Voy a la escuela en bus.
> Estudio y hablo con mis compañeros. Comemos en la escuela.
> A las cinco, voy a casa. Paseo al perro.
> Ceno a las siete. Me pongo el pijama y me duermo.

• **Cuenta tú la historia de Marta.**

Todas las mañanas, Marta se levanta a las siete.

Hace gimnasia.

¿Cómo lo llaman ustedes?

● *Une con un mismo color las palabras que tienen el mismo significado.*

piruleta	bizcocho	chupete	torta
tarta	paleta	camión	paleta
guagua	autobús	pastel	bus

● *Ahora, escribe y dibuja.*

1. piruleta

2. _____

3. _____

4. _____

1. torta

2. _____

3. _____

4. _____

1. bus

2. _____

3. _____

4. _____

¿Cómo lo llamas tú?

- *Escribe tres palabras para cada objeto.*

1. _____   1. _____   1. _____

2. _____   2. _____   2. _____

3. _____   3. _____   3. _____

- *Elige una palabra de cada serie. Escribe una frase con cada una para decir si te gusta poco, bastante o mucho.*

1. Me gusta mucho viajar en _____

_____ ./

Me gusta poco viajar en _____

_____ .

2. _____

_____

3. _____

_____

Muchos países y una lengua

1 *Numera y colorea los países que ya conoces.*

1. Estados Unidos	2. México	3. Perú	4. Puerto Rico	5. Colombia
6. Argentina	7. Chile	8. Cuba	9. España	10. Bolivia

Todo es ronda

- **Lee de nuevo** Todo es ronda. **Luego, elige y une.**

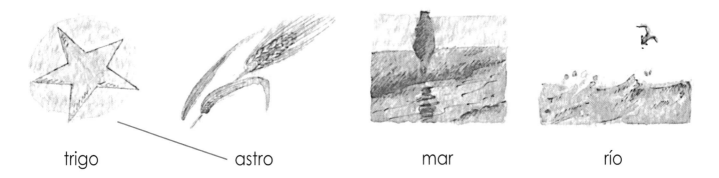

trigo   astro   mar   río

- **Para escribir otro poema, elige.**

Los niños son astros del mundo

jugando la Tierra a   cantar.
                        mirar.
                        observar.

Las niñas son talles de trigo

jugando la Tierra a   saltar.
                        reír.
                        llorar.

- **Completa.**

1. En el cielo hay nubes y  _____ .

2. En los campos hay  _____ .

3. En el mar hay  _____ .

¿Qué sabes del final de la historia?

• *Recuerda la historia, lee y elige.*

1. En su último viaje, Martino y Martina…

   ☐ van de Rueda a la Tierra. ✔ van de la Tierra a Rueda.

   ☐ van de Perú a los Estados Unidos. ☐ van de México a Texas.

2. La abuela de Felipe…

   ☐ va a su pueblo. ☐ va a California.

   ☐ va a Rueda. ☐ va a las cataratas del Iguazú.

3. La abuela de Felipe…

   ☐ lleva miel. ☐ lleva galletas.

   ☐ no lleva nada. ☐ lleva sal.

4. En la astronave, Felipe y Martino…

   ☐ miran al piloto. ☐ hablan con Martina.

   ☐ juegan. ☐ estudian.

5. Cuando la astronave llega al planeta Rueda…

   ☐ los habitantes están durmiendo. ☐ los habitantes están trabajando.

   ☐ los habitantes están viendo la televisión. ☐ los habitantes están esperando a nuestros amigos.

6. El Galletero Mayor enseña a los sabios de Rueda…

   ☐ los malos olores de la Tierra. ☐ los periódicos de la Tierra.

   ☐ los olores buenos de la Tierra. ☐ los colores de la Tierra.

7. A los habitantes de la Tierra que están en Rueda les gustan…

   ☐ las galletas de Rueda. ☐ el parque de los juegos de Rueda.

   ☐ las flores de Rueda. ☐ los vehículos de Rueda.

No dijeron esto

• *Descubre los errores y escribe el texto verdadero.*

1. Este vehículo no sirve para nada.

2. No tiene olor.

3. ¿Les gusta? Tienen vitaminas.

4. ¡Qué horrible! No quiero galletas.

5. Colorado, colorín este cuento llegó a su fin.

1. _____

2. _____

3. _____

4. _____

5. _____

Versos

1 *Escucha y numera.*

o ⟶ ito

○ caballo - caballito   ○ ojo - ojito

○ camino - caminito   ○ amigo - amiguito

a ⟶ ita

○ niña - niñita   ○ galleta - galletita

○ silla - sillita   ○ mesa - mesita

2 *Clasifica los diminutivos anteriores.*

terminan en -ito	terminan en -ita
1. ojito	

3 *Ahora, fabrica tú diminutivos.*

Pancho ⟶ Panchito   Ana ⟶ Anita

1. oso ⟶ _____   4. estrella ⟶ _____

2. pato ⟶ _____   5. botas ⟶ _____

3. perros ⟶ _____   6. abuela ⟶ _____

4 *Escucha y escribe.*

1. Era un _____ que _____

   un _____ de _____ .

2. Abrió los _____ el _____

   y el _____ no vio.

En español

• *Clasifica estas palabras por su país de origen.*

piruleta	paleta	chupete	paleta
tarta	bizcocho	torta	pastel
camión	bus	guagua	autobús

Puerto Rico	España	México	Chile
_____	_____	_____	_____
_____	_____	_____	_____
_____	_____	_____	_____

• *¿Sabes más palabras? Pregunta a tu profesor/a.*

1. En España se dice *abrigo.*

   En _____ se dice _____ .

2. En España se dice *bufanda.*

   En _____ se dice _____ .

3. En España se dice *naranja.*

   En _____ se dice _____ .

4. En España se dice *chaqueta.*

   En _____ se dice _____ .

5. En España se dice *botas.*

   En _____ se dice _____ .

Repaso

¿Cómo viajan?

• *Observa, elige y completa.*

mi	tu	su

mis	tus	sus

barco

astronave

Tú viajas en tu barco
con tus amigos.

Yo viajo en _____
con _____ .

avión

bicicleta

Tú viajas en _____
con _____ .

Ella viaja en _____
con _____ .

¿Muy o mucho?

• *Completa.*

1. Come <u>mucho</u>.

2. Es <u>muy</u> simpático.

3. Es _____ alta.

4. Trabaja _____ .

5. Canta _____ .

6. Es _____ grande.

59

¿Qué está haciendo Carlos?

• *Cuenta la historia de Carlos.*

> He terminado mi trabajo y he venido a casa en bus.
> He bajado del bus a las cinco, pero he llegado
> a casa a las siete porque he participado en un
> concurso en la calle y he ganado.

Ha terminado su trabajo.

¿Qué ha pasado?

• *Observa y escribe.*

preparar la comida - comer

Ana ha preparado la comida, pero no ha comido.

comprar limonada - beber

Luis _____

_____

_____

terminar los deberes - mirar la televisión

Martita _____

_____

_____

participar en una carrera - ganar

Carlos _____

_____

_____

¿Dónde? ¿Adónde?

• *Observa.*

• *Ahora, completa.*

Dibujo 1: ¿Dónde está el queso?

En un plato.

¿Adónde lleva el queso?

A la cocina.

Dibujo 2: ¿ _____ está el plato?

Sobre la _____ .

¿ _____ está el gato?

Debajo de la _____ .

Dibujo 3: ¿ _____ va el ratón?

A tomar el _____ .

Dibujo 4: ¿ _____ va el gato?

A comer al _____ .

Dibujo 5: ¿ _____ va el ratón?

A entrar en su _____ .

Dibujo 6: ¿ _____ está el ratón?

Está en su _____ .

¿ _____ está el gato?

Está fuera.

¿Qué dicen?

• *Observa.*

• *Escribe las preguntas de la mamá y las respuestas de los niños.*

1. ir a la piscina

   —¿Han ido ustedes a la piscina?

   —Sí, hemos ido a la piscina.

2. correr en la piscina

   —¿Han corrido ustedes en la piscina?

   —No, no hemos corrido.

3. jugar a la pelota en el agua

   —

   —

4. nadar mucho

   —

   —

5. comer sandwiches

   —

   —

6. estar con los amigos

   —

   —

   leer un poco

   —

   —

   tomar el sol

   —

   —

¿Dónde están?

• *Observa y escribe.*

| Por favor... | ¡Lo siento! | ¡Gracias! | De nada. |

¿Qué dices cuando...?

1. te dicen "gracias": <u>De nada.</u>

2. pides algo: _____

3. te dan un regalo: _____

4. haces algo mal: _____

Alguien / Nadie

- *Observa y contesta.*

¿Hay alguien en la biblioteca?

No, no hay nadie.

¿Hay algo en la biblioteca?

Sí, hay muchos libros.

¿Hay alguien en la pastelería?

_____

_____

¿Hay algo en la pastelería?

_____

_____

¿Hay alguien en la sala?

_____

_____

¿Hay algo en la sala?

_____

_____

¿Hay alguien en la sala?

_____

_____

¿Hay algo en la sala?

_____

_____

El día de mi cumpleaños

• *Observa, lee y escribe.*

¿Te acuerdas del día de mi cumpleaños?

Sí, mamá trabajó mucho en casa. Yo ayudé a mamá. Tú llegaste de la escuela...

MAMÁ	YO	TÚ
1. trabajar mucho en casa	9. ayudar a mamá	17. llegar de la escuela
2. hacer guirnaldas	10. hacer guirnaldas también	18. subir a tu habitación
3. decorar la casa	11. comprar un regalo también	19. oír voces abajo
4. preparar una tarta	12. adornar mi regalo con un búho	20. bajar a la sala
5. comprar un regalo	13. no hacer los deberes de la escuela	21. abrir el regalo
6. hacer un paquete muy lindo	14. preparar una sorpresa para ti	22. dar las gracias a todos
7. esconder el paquete	15. llamar a tus amigos	23. comer mucha tarta
8. darte una sorpresa	16. invitar a tus amigos a casa	24. beber muchos refrescos

1. Sí, mamá trabajó mucho en casa.

2. _____

3. _____

4. _____

5. _____

6. _____

7. _____

8. _____

9. Sí, yo ayudé a mamá.

10. _____

11. _____

12. _____

13. _____

14. _____

15. _____

16. _____

17. Sí, tú llegaste de la escuela.

18. _____

19. _____

20. _____

21. _____

22. _____

23. _____

24. _____

Unidos

• *Observa y escribe.*

beber

Ha bebido poco.

Ha bebido bastante.

Ha bebido mucho.

Ha bebido demasiado.

comer

1 2

3 4

También / Tampoco

• *Lee y transforma.*

Ana nunca va sola. Laura nunca va sola.
Ana y Laura siempre van juntas
y hacen las mismas cosas.

1. Ana juega con su computadora.

   Laura también juega con su computadora.

2. Ana no juega con sus muñecas.

   Laura tampoco juega con sus muñecas.

3. Ana come un caramelo.

   _____

4. Ana no come caramelos.

   _____

5. Ana escucha la radio.

   _____

6. Ana no mira la televisión.

   _____

7. Ana no sale al jardín.

   _____

8. Ana compró tres libros.

   _____

9. Ana no hizo los deberes.

   _____

10. Ana no estudió las lecciones.

   _____

El diario de Linda

• Lee y contesta.

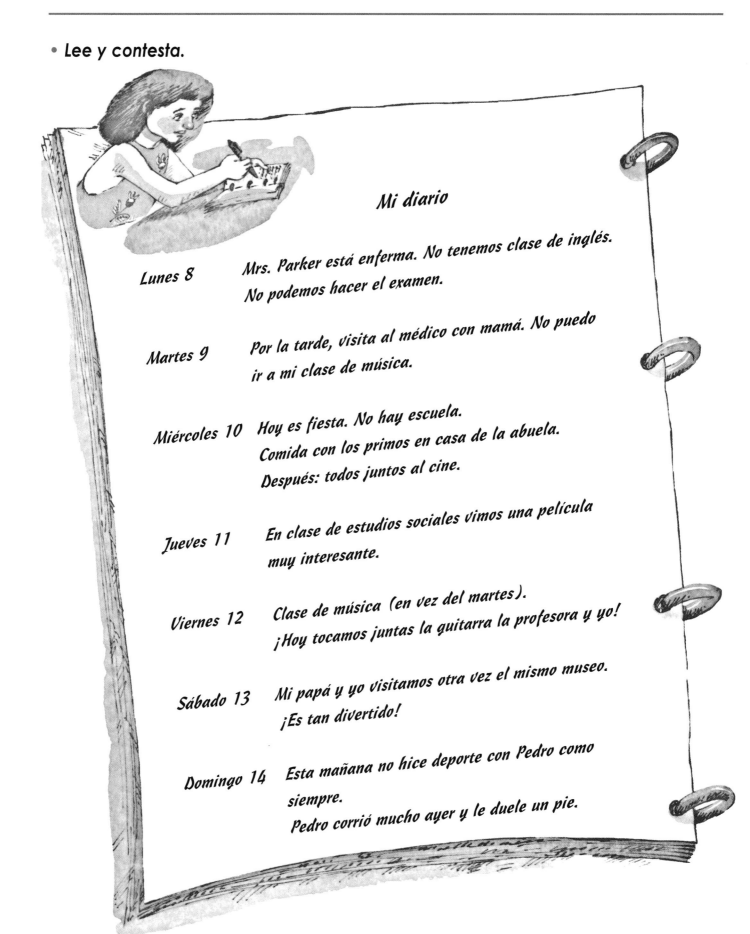

Mi diario

Lunes 8 Mrs. Parker está enferma. No tenemos clase de inglés.
No podemos hacer el examen.

Martes 9 Por la tarde, visita al médico con mamá. No puedo
ir a mi clase de música.

Miércoles 10 Hoy es fiesta. No hay escuela.
Comida con los primos en casa de la abuela.
Después: todos juntos al cine.

Jueves 11 En clase de estudios sociales vimos una película
muy interesante.

Viernes 12 Clase de música (en vez del martes).
¡Hoy tocamos juntas la guitarra la profesora y yo!

Sábado 13 Mi papá y yo visitamos otra vez el mismo museo.
¡Es tan divertido!

Domingo 14 Esta mañana no hice deporte con Pedro como
siempre.
Pedro corrió mucho ayer y le duele un pie.

1. ¿Qué clase tiene Linda los lunes?

   <u>Los lunes, Linda tiene clase de inglés.</u>

2. ¿Qué es lo que no hicieron los alumnos de Mrs. Parker el lunes 8?

   <u>Los alumnos de Mrs. Parker no hicieron el examen.</u>

3. ¿Qué hicieron Linda y su madre el martes por la tarde?

   _____

4. ¿Qué tiene siempre Linda los martes por la tarde?

   _____

5. ¿Tiene Linda clase los miércoles?

   _____

6. El miércoles 10, ¿qué hizo?

   _____

7. ¿Qué día y en qué clase vio Linda una película?

   _____

8. El viernes, en clase de música, Linda y su profesora hicieron algo especial. ¿Qué hicieron?

   _____

9. ¿Qué hicieron Linda y su padre el sábado pasado?

   _____

10. ¿Qué hace Linda los domingos?

    _____

11. Y este domingo, ¿lo hizo también?

    _____

12. ¿Qué le pasa a Pedro?

    _____

13. ¿Por qué?

    _____

Jugando al escondite

• *Elige y completa.*

tengo que	tenemos que
tienes que	tienen que
tiene que	tienen que

1. Ustedes tienen que hacer la cama.

2. Nosotros _____ dibujar _____ .

3. Él _____ comer _____ .

4. Ellas _____ comprar _____ .

5. Tú _____ leer _____ .

6. Yo _____ buscar _____ .

¿Se puede?

*   *Observa y completa.*

No se puede...	Se debe...
Tirar papeles al suelo.	Cerrar la puerta.

Frankenstein

• *Dale tú las órdenes a Frankenstein.*

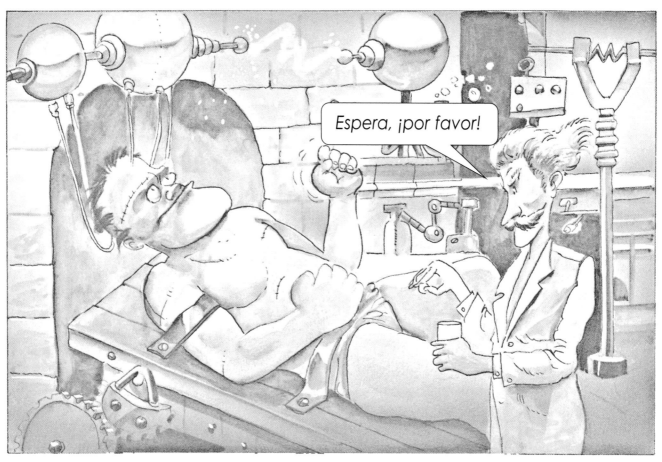

Espera, ¡por favor!

1. Frankenstein tiene que esperar.

   Espera, ¡por favor!
   _____

2. Frankenstein tiene que escuchar.

   _____

3. Frankenstein tiene que tomar estas pastillas.

   _____

4. Frankenstein tiene que beber.

   _____

5. Frankenstein tiene que andar sin prisa.

   _____

6. Frankenstein tiene que regresar pronto.

   _____

• *Dile tú a Frankenstein lo que le está prohibido.*

1. Frankenstein no debe correr.

   ¡No corras!

2. Frankenstein no debe saltar.

   _____

3. Frankenstein no debe hablar con los niños.

   _____

4. Frankenstein no debe beber refrescos.

   _____

5. Frankenstein no debe comer esos sándwiches.

   _____

6. Frankenstein no debe montar en bicicleta.

   _____

El rescate

• *Busca, numera y colorea los dibujos.*

1. abrigo	2. pantalones	3. zapatos	4. paraguas
5. botas	6. poncho	7. falda	8. sombrero

Conmigo o sin mí

• *Observa y completa.*

Estudias conmigo.

Estudias sin mí.

Juego contigo.

Juego sin ti.

Cantas _____ .

Corres _____ .

Nado _____ .

Nado _____ .

¿Qué hacen todas las mañanas?

• *Escribe lo que hacen las hermanas Tris y Tras todas las mañanas.*

levantarse	lavarse	peinarse
vestirse	desayunar	irse a la escuela

1. levantarse

2. _____

3. _____

4. _____

5. _____

6. _____

Todas las mañanas...

1. Las hermanas Tris y Tras se levantan a las siete y media.

2. _____

3. _____

4. _____

5. _____

6. _____

El domingo pasado...

• *Cuenta lo que hicieron las hermanas Tris y Tras el domingo pasado.*

1. levantarse temprano

2. bañar al perro

3. jugar al béisbol

4. limpiar el jardín

5. pintar la puerta

6. acostarse contentas

1. Las hermanas Tris y Tras se levantaron temprano.

2. _____

3. _____

4. _____

5. _____

6. _____

Bienvenidos

1. ¿Qué dices por la mañana, cuando llegas a la escuela?

   _____

   ¿Qué dices cuando te vas de la escuela?

   _____

   ¿Qué dices por la noche, antes de acostarte?

   _____

   ¿Qué dices cuando te dan un regalo y estás contento/a?

   _____

   ¿Qué dices cuando te dan una buena noticia?

   _____

2. ¿Qué has hecho esta mañana, antes de venir a la escuela?

   _____

3. ¿Cuándo vas a tener vacaciones?

   _____

4. ¿Qué vas a hacer el domingo?

   _____

5. ¿Has subido alguna vez a un rascacielos?

   _____

6. ¿Qué está prohibido en la escuela?

   _____

7. ¿Qué está prohibido en la calle?

   _____

8. ¿Qué hay que hacer para tener una buena salud?

   _____

9. ¿Qué clases has tenido esta mañana?

   _____

Días de fiesta

1. El <u>1 de enero</u> es el primer día del año.
   ¿Te gusta este día?
   <u>Sí, me gusta. / No, no me gusta.</u>

2. El _____ , los carteros
   trabajan mucho.
   ¿Tú envías cartas a tus amigos?

   _____

   _____

3. El _____ es el día de la
   Independencia. Mucha gente baja a
   la calle para participar en las fiestas.
   ¿Y tú? _____

   _____

4. El _____ , ¿te vistes
   como todos los días?

   _____

   _____

5. ¿Cuándo es el día de tu cumpleaños?

   _____

El planeta Rueda y el planeta Tierra

• *Recuerda todo lo que sabes del planeta Rueda y contesta.*

1. ¿Cómo es el planeta Rueda? ¿Y el planeta Tierra?

   El planeta Rueda es redondo.

   El planeta Tierra también es redondo.

2. ¿Qué hay en el centro del planeta Rueda?

   _____

3. ¿Cómo son los habitantes de Rueda? ¿Eres tú como ellos?

   _____

   _____

4. ¿Cómo son las casas de Rueda? Y tu casa, ¿cómo es?

   _____

   _____

   _____

5. ¿Hay flores en Rueda? ¿Son diferentes de las flores de la Tierra?

   _____

6. En el planeta Rueda sólo hay un animal. Descríbelo.

   ¿Tienes tú un animal? Descríbelo.

   _____

   _____

   _____

7. ¿Qué es el C.I.R.C.O.? ¿Qué medios de comunicación hay en nuestro planeta?

   _____

   _____

   _____

8. ¿Qué comen los habitantes de Rueda? Y tú, ¿qué comes?

   _____

   _____

LA HISPANIDAD

Pág. 85

En nuestro suplemento:

Las aventuras de Martino y Martina, los niños de Rueda, contadas con todo detalle en nueve páginas.

• **Ordena las páginas del periódico y numéralas de 1 a 9.**
  Aquí tienes sus títulos.

Página ____. Se firmó un pacto interplanetario, un acuerdo de colaboración.

Página ____. Huyeron con Felipe a los Andes, a casa de la abuela de Felipe.

Página ____. Huyeron del pueblo indio con Felipe y su abuela, y visitaron toda América.

Página ____. Vivieron algún tiempo en casa de Felipe. Hicieron la misma vida que él.

Página ____. Un día llegó al pueblo indio otro extraterrestre, enviado de Rueda para buscar a Martino y Martina.

Página ____. Llegó el día histórico. Al planeta Rueda viajaron también algunos habitantes de la Tierra.

Página ____. Llegó una nave con dos niños extraterrestres.

Página ____. El Galletero Mayor y la policía se unieron para buscar a nuestros amigos y, al final, los encontraron.

Página ____. Martino y Martina participaron en la vida de los indígenas.

Van a formar equipos y decidir
cuánto tiempo van a jugar.

Gana el equipo que más puntos tiene
cuando termina el juego.

Los puntos se ganan explicando
los dibujos.

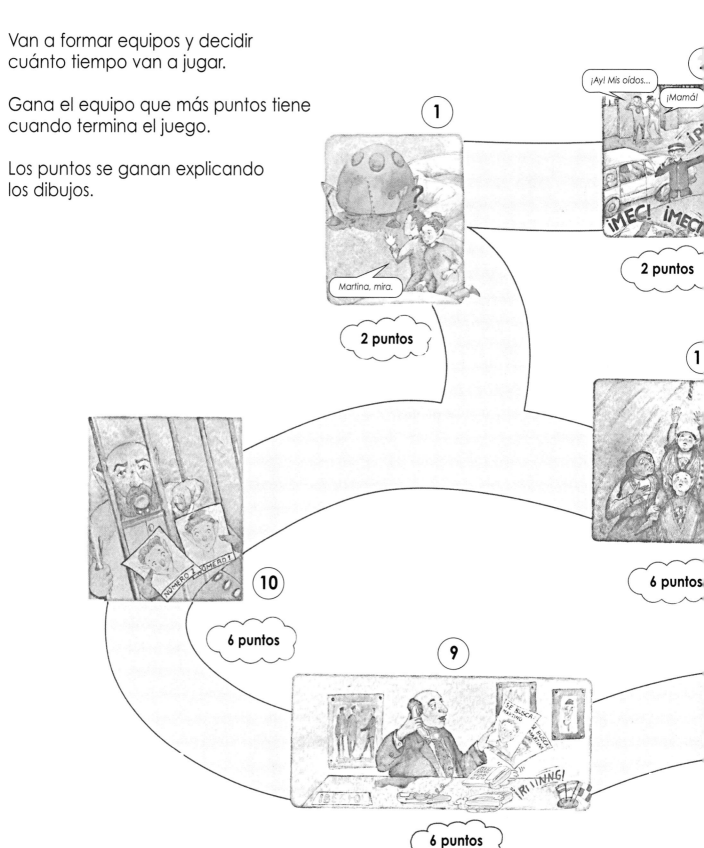

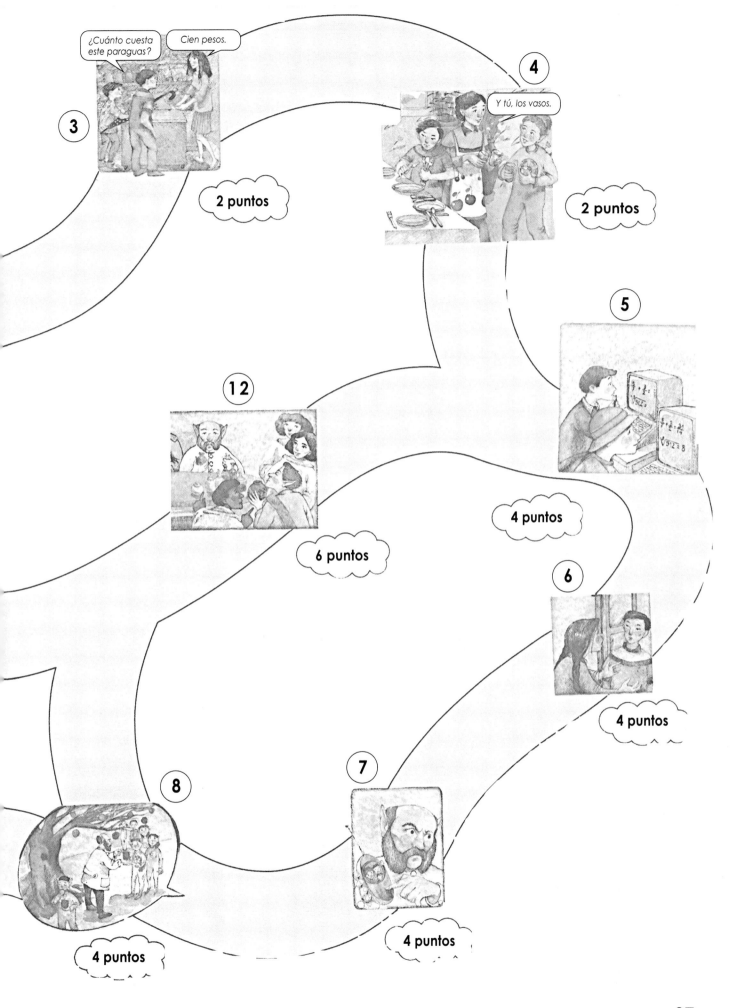

¡Adiós!

• **Has terminado tu segundo cuaderno. ¿Recuerdas todas las aventuras de Martino y Martina? Encuentra el título verdadero de cada historia y ordénalos.**

El cartero tiene miedo: ¿Extraterrestres? Unidad 7. _____

¿Quién está enfermo?: _____

Viajando con la llama: _____

Vacaciones en Rueda: _____

Un día en la escuela: _____

Una astronave en un parque: _____

¡Qué música más linda!: _____

Una ayuda para Iberpol: _____

Don Dinero: _____

Un vehículo muy extraño: _____

Un postre especial para un día especial: _____

Peligro en la Isla de Pascua: _____

Se buscan dos extraterrestres: _____

Viaje a la Tierra: _____

Un éxito para la policía: _____

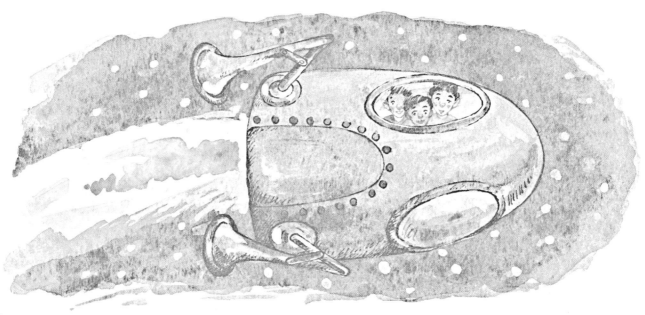